BEI GRIN MACHT SICH IHR WISSEN BEZAHLT

AF167395

- Wir veröffentlichen Ihre Hausarbeit, Bachelor- und Masterarbeit

- Ihr eigenes eBook und Buch - weltweit in allen wichtigen Shops

- Verdienen Sie an jedem Verkauf

Jetzt bei www.GRIN.com hochladen und kostenlos publizieren

Gesundheit als Führungsaufgabe

Der Zusammenhang zwischen Gesundheit und Führung. Aktuelle Studienlage, Arbeitsaufgaben gesundheitsförderlich gestalten und die Vorbildfunktion

Nina Hammerer

Bibliografische Information der Deutschen Nationalbibliothek:

Die Deutsche Nationalbibliothek verzeichnet diese Publikation in der Deutschen Nationalbibliografie; detaillierte bibliografische Daten sind im Internet über http://dnb.d-nb.de abrufbar.

ISBN: 9783346271549
Dieses Buch ist auch als E-Book erhältlich.

Druck und Bindung: Books on Demand GmbH, Norderstedt Germany
Gedruckt auf säurefreiem Papier aus verantwortungsvollen Quellen

Das vorliegende Werk wurde sorgfältig erarbeitet. Dennoch übernehmen Autoren und Verlag für die Richtigkeit von Angaben, Hinweisen, Links und Ratschlägen sowie eventuelle Druckfehler keine Haftung.

Das Buch bei GRIN: https://www.grin.com/document/941431

Einsendeaufgabe

Gesundheit als Führungsaufgabe

- Das Selbstkonzept der Führungskraft und ihre Vorbildfunktion
- Der Zusammenhang zwischen der Gestaltung von Arbeitsaufgaben und der Gesundheit und Motivation der Mitarbeiter
- Studienlage zum Thema Gesundheit und Führung

Modul: Gesundheit als Führungsaufgabe

Alternative B

Abgegeben am: 25.01.2020

SRH Fernhochschule

Von:

Nina H.

Studiengang: B.A. Prävention und Gesundheitspsychologie

Inhaltsverzeichnis

Abkürzungsverzeichnis.. 3

Abbildungsverzeichnis.. 3

Genderhinweis.. 3

Das Selbstkonzept der Führungskraft und ihre Vorbildfunktion..................... 4

Die Gestaltung von Arbeitsaufgaben und ihre Wirkung auf die Motivation und
Gesundheit der Mitarbeiter 11

Studienlage: Zusammenhang zwischen Gesundheit und Führung.................. 19

Literaturverzeichnis 26

Abkürzungsverzeichnis

et al.   und andere

Aufl.   Auflage

Ebd.   Ebenda

Abb.   Abbildung

Abbildungsverzeichnis

Abbildung 1: Gesundheitsorientierte Selbstführung... 7

Abbildung 2: Merkmale gesundheitsorientierter Aufgabengestaltung 12

Abbildung 3: Gesundheitliche Beschwerden und Krankenstand in
Abhängigkeit von der Ganzheitlichkeit der Arbeitstätigkeiten 14

Abbildung 4: Zusammenhang zwischen arbeitsbedingten Beschwerden und
Sinnhaftigkeit der Tätigkeit.. 18

Abbildung 5: Zusammenfassende Darstellung der Ergebnisse 20

Abbildung 6: Darstellung der Ergebnisse: Zusammenhänge zwischen
Führung, Sinn und Gesundheit... 23

Genderhinweis

Aus Gründen der leichteren Lesbarkeit wird in der vorliegenden Hausarbeit eine einheitliche Sprachform verwendet. Dies impliziert jedoch keine Benachteiligung eines Geschlechts, sondern soll im Sinne der sprachlichen Vereinfachung als geschlechtsneutral zu verstehen sein.

Das Selbstkonzept der Führungskraft und ihre Vorbildfunktion

Die Personalführung

Das Konstrukt der Führung tritt in unterschiedlichen Kontexten wie bspw. Wirtschaft, Politik, Militär oder Familie auf und kann somit, wie jede andere soziale Interaktion, aus genauso vielen unterschiedlichen Perspektiven gesehen und gestaltet werden. [1] In dieser Einsendeaufgabe steht dabei ausschließlich die **Personalführung** in Organisationen im Mittelpunkt. So wird der Begriff der Personalführung nach Weibler (2001) folgendermaßen def.: „(…) interpersoneller Prozess, andere durch eigenes, sozial akzeptiertes Verhalten so zu beeinflussen, dass dies bei den Beeinflussten mittelbar oder unmittelbar ein intendiertes Verhalten bewirkt." [2] Das bedeutet, dass die Personalführung ein zielorientierter Prozess ist, bei dem die Erfüllung gemeinsamer Aufgaben in einer strukturierten Arbeitssituation angestrebt wird. Darauf aufbauend beschreibt Kossbiel (1990) den Einfluss der Führungskraft als positionell legitimiert, da dieser Person durch ihre hierarchisch höhere Position im Unternehmen die Macht zugesprochen wird, die unterstellten Mitarbeitenden im Sinne einer Zielerreichung zu beeinflussen. [3] Wichtig dabei erscheint die Tatsache, dass diese vom Unternehmen zugesprochene Macht nicht von Nutzen ist, wenn die Führungskraft keine soziale Akzeptanz der Mitarbeitenden erhält. [4] Demnach besteht das Konzept der Personalführung folglich aus drei wesentlichen Faktoren, die nachstehend beschrieben werden.

1. Die Verhaltensbeeinflussung

Dieses Kriterium erläutert den Prozess der gegenseitigen Beeinflussung des Verhaltens im Kontext Arbeit. So möchte ein Unternehmensmitglied auf ein anderes einwirken, um ein Verhalten zu provozieren (aktivieren oder verhindern), dass in seiner Vorstellung sinnvoll erscheint. Die Beeinflussung kann sich auf einzelne oder mehrere Determinanten (bspw. Qualifikation, Motivation, Werte, Infrastruktur) beziehen und bspw. durch Anweisungen, Überzeugungen oder durch das Vorleben des Verhaltens geschehen (Vorbildfunktion). [5]

---

[1] Vgl. Mikisek (2017), S. 15
[2] Weibler (2001), S. 30 f.
[3] Vgl. Kossbiel (1990), S. 199
[4] Vgl. Mikisek (2017), S. 15
[5] Vgl. Mikisek (2017), S. 15 f.

2. Die Akzeptanz

Um das gewünschte Ergebnis in Bezug auf die Beeinflussung des Verhaltens eines Mitarbeitenden zu erhalten, stellt die Akzeptanz des zu Beeinflussenden zur Führungskraft einen wichtigen Faktor dar. Die Wirksamkeit der Verhaltensbeeinflussung wird ohne Akzeptanz verringert. [6]

3. Das soziale Gefüge

Das soziale Gefüge meint den Umstand, dass im Unternehmen gemeinsame Ziele von der Führungskraft und den Mitarbeitenden verfolgt werden. [7]

Alle Verhaltensweisen einer Führungskraft werden als Führungsverhalten bezeichnet. Grundsätzlich lässt sich hierbei zw. aufgaben- und mitarbeiterorientiertem Führungsverhalten unterscheiden. Dabei bezieht sich die aufgabenorientierte Dimension auf alle Bestrebungen der Führungskraft, die der Zielerreichung für das Unternehmen, wie bspw. Koordination, Kontrolle, Korrektur, Aufgabenvorbereitung und -durchführung, dienen und setzt vorwiegend Fach- und Methodenkompetenz der Führungskraft voraus. Die mitarbeiterorientierte Dimension hingegen beschreibt alle Verhaltensweisen einer Führungskraft, die den Zusammenhalt der (Arbeits-)Gruppe fördert und zu einem guten Betriebsklima, der persönlichen Zielverwirklichung der Mitarbeitenden und motiviertem Problemlösen beiträgt. Hier ist eine hohe Sozialkompetenz der Führungskraft erforderlich.[8]

Das gesundheitsbezogene Selbstkonzept

Unter dem Begriff „Selbstkonzept" wird laut Klinkhardt Lexikon die „Gesamtheit des Wissens, der Theorien oder Annahmen, die das Individuum über die eigene Person hat" verstanden. [9] Folglich kann das Selbstkonzept beschrieben werden als eine Art Gedächtnisstruktur, die alle auf die eigene Person bezogenen Informationen enthält.[10] Weiters fallen hierunter „(...) auch das Wissen über die persönlichen Vorlieben, Einstellungen und Überzeugungen." [11] In der Literatur lassen sich unterschiedliche Definitionen finden, daher gibt es keine einheitliche Bezeichnung zum Selbstkonzept. Das

---

[6] Vgl. Ebd., S. 16
[7] Vgl. Ebd., S. 16
[8] Vgl. Staehle (1999), S. 342 ff.
[9] Hannover/Pöhlmann (2012), S. 182
[10] Vgl. Wild et al. (2001), S. 227 f.
[11] Wild et al. (2001), S. 228

erschwert zudem die Abgrenzung zu Termini wie Selbst, Persönlichkeit, Selbstwahrnehmung, Identität und Weitere. Um den Rahmen dieser Einsendeaufgabe nicht zu überschreiten, wird auf diese Thematik nicht näher eingegangen.

Das gesundheitsbezogene Selbstkonzept umfasst bereichsübergreifende, generalisierte Selbstrepräsentationen einer Person von Gesundheit, die sich auf verschiedene Selbstaspekte beziehen [12] und stellt ein komplexes System bestehend aus subjektiven Größen wie bspw. gesundheitsbezogenen Überzeugungen, Einstellungen, Kompetenzen sowie Erfahrungen dar. [13] Das gesundheitsbezogene Selbstkonzept beschreibt dabei sowohl gesundheitsschützende als auch gesundheitsgefährdende Faktoren eine Person betreffend. [14]

Der Zusammenhang zwischen gesundheitsbezogenem Selbstkonzept der Führungskraft und ihrem Führungsverhalten

„Nur wer sich selbst gesund führt, kann andere gesund führen." [15] Führungskräfte, die selbst gesund sind und sich wohl fühlen, sind um ein Wesentliches besser in der Lage, Führungsaufgaben wahrzunehmen und diese mit einem leistungs- und zielorientierten Verhalten zu erledigen. Zudem zeigen diese Führungskräfte ebenfalls ein gesundheitsförderlicheres Führungsverhalten. [16] Ergebnisse der empirischen Untersuchung von Bamberg et al. (2011), bei der 1000 Führungskräfte und Mitarbeiter teilnahmen, zeigen, dass eine gesundheitsförderliche Selbstführung eine wesentliche Voraussetzung für gesundheitsförderliches Führungsverhalten darstellt. Aufgrund der Erkenntnisse dieser Untersuchung lassen sich die Aussagen treffen: [17]

- Führungskräfte, die auf ihre Gesundheit achten, führen gesundheitsförderlicher und

- Führungskräfte, die sich für die Gesundheit ihrer Mitarbeiter interessieren, zeigen ein höheres Wohlbefinden

Welche Faktoren dazu beitragen, ob eine Führungskraft eine gesundheitsorientierte Selbstführung praktiziert und schließlich auch ein gesundheitsförderliches

---

[12] Vgl. Wiesmann et al. (2008), S. 760 ff.
[13] Vgl. Faltermaier (2003), S. 57 f.
[14] Vgl. Wiesmann et al. (2008), S. 760 ff.
[15] Struhs-Wehr (2017), S. 69
[16] Vgl. Mikisek (2017), S. 75
[17] Vgl. Bamberg et al. (2011), S. 383 ff.

Führungsverhalten ausübt, wird nachstehend durch das Konzept der gesundheitsorientierten Selbstführung veranschaulicht und erläutert. Zu der gesundheitsorientierten Selbstführung zählen die in Abb. 1[18] dargestellten Aspekte, die nachfolgend näher beschrieben werden.

Die gesundheitsorientierte Selbstführung

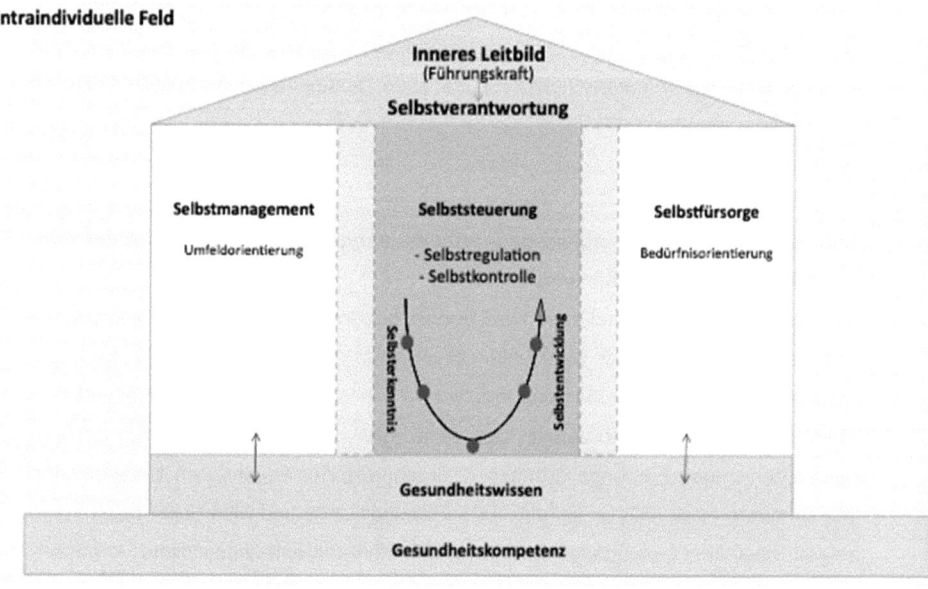

Abbildung 1: Gesundheitsorientierte Selbstführung

1. Das innere Leitbild und die Selbstverantwortung

Dazu gehören Werte, Haltungen und Einstellungen, die eine Person aufgrund von lebensgeschichtlichen Erfahrungen entwickelt hat. Diese Faktoren haben einen mehr oder weniger bewussten Einfluss, prägen die Wahrnehmung einer Person und steuern ihr Verhalten. Es orientiert sich an den eigenen Bedürfnissen, Grenzen, Zielen und Werten und bestimmt darüber, inwiefern gesundheitsbezogen gehandelt wird. [19]

---

[18] Struhs-Wehr (2017), S. 68
[19] Vgl. Struhs-Wehr (2017), S. 69 f.

2. Die Selbststeuerung

Dieser Faktor beschreibt den Umgang einer Person mit den eigenen Bedürfnissen, Zielen sowie Werten aus dem inneren Leitbild in Zusammenhang mit den Anforderungen aus dem privaten- und Arbeitsumfeld. Ziel ist es dabei, einen Konsens zw. diesen beiden Aspekten zu finden und dementsprechend zu handeln. [20] Begleitend dazu stehen die Selbstregulation und die Selbstkontrolle in einer elementaren Verbindung zur Selbststeuerung. Beides dient zur Steuerung des Willens und somit des Verhaltens einer Person. Dabei stellt die Selbstkontrolle einen bewussten und analytischen (kontrolliertes Denken, auch Selbstdisziplin genannt) und die Selbstregulation einen unbewussten Prozess (Gefühle, Emotionen) dar. Um einen Zugang zur Entwicklung der Selbststeuerung zu erhalten und diesen Vorgang auf der bewussten Ebene besser zu verstehen und in weiterer Folge besser zu steuern, kann der sog. U-Prozess der Selbsterkenntnis und Selbstentwicklung dabei helfen. Um den Umfang dieser Einsendeaufgabe nicht zu überschreiten, wird dieses Konzept jedoch nicht weiter erläutert. [21]

Einen besonderen Stellenwert erhalten die gesundheitsbezogenen Selbststeuerungskompetenzen einer Person. Dazu zählen z.B. Folgende: [22]

- Den Stellenwert der eigenen Gesundheit kennen
- Warnsignale bei Überforderung wahrnehmen und dementsprechend handeln (bspw. Schlafstörungen, gedrückte Stimmung, Lustlosigkeit, vermehrtes Schwitzen/Kopfschmerzen, hoher Blutdruck)
- Persönliche Stressoren kennen
- Bewältigungsstrategien entwickeln und umsetzen
- Den eigenen Lebensstil, das Arbeitsverhalten und die Arbeitssituation reflektieren und verändern können

3. Selbstmanagement

Das Selbstmanagement orientiert sich an dem vorherrschenden Umfeld einer Person und hat das Ziel mit Hilfe von Stressmanagementmethoden berufliche und private Anforderungen, ohne gesundheitsschädigende Einbußen, zu erfüllen. Dieser Faktor agiert auf der bewussten Ebene und muss demnach auch aktiv (bspw. durch

---

[20] Vgl. Kuhl (2001)
[21] Vgl. Struhs-Wehr (2017), S. 70-72
[22] Vgl. Ebd., S. 76

Zeitmanagement, Entspannungs- und Problemlösemethoden, Sport, Ernährung) umgesetzt werden. [23]

4. Selbstfürsorge

Während das Selbstmanagement sich an der Umwelt orientiert, tritt Selbstfürsorge für
die bewusste Verfolgung und Wahrnehmung eigener Bedürfnisse (bspw. körperliche
oder Bindungsbedürfnisse, Kontrolle, Lust, Unlust) ein. Ziel dieses Faktors ist es eine
innere Balance und Zufriedenheit herzustellen. [24]

Führungskräfte, die über ein hohes Maß an persönlichen Gesundheitsressourcen ver-
fügen und demnach eine gesundheitsorientierte Selbstführung pflegen, können Aspekte der Mitarbeitergesundheit besser wahrnehmen und folglich auch damit verbun-
dene Ressourcen stärken. Deshalb stellen Gesundheitsressourcen einer Führungskraft einen wichtigen Faktor für ihr Führungsverhalten und in weiterer Folge für die
Gesundheit ihrer Mitarbeiter dar. Um die gesundheitsorientierte Selbstführung prak-
tisch umsetzen zu können, benötigt eine Person Gesundheitsressourcen wie bspw.
Selbstwirksamkeitserwartung, Kontrollüberzeugungen, Kohärenzvermögen, Hardi-
ness, Resilienz und Optimismus. [25] Diese Ressourcen zählen zu den Persönlichkeits-
merkmalen und gelten zwar als relativ stabil, da sie ihre Ausprägung durch biografi-
sche Erfahrungen erhalten haben, zeigen jedoch ein großes Potenzial für Veränderun-
gen. [26] Um den Rahmen dieser schriftlichen Arbeit nicht zu überschreiten, werden
diese Merkmale nicht näher angeführt.

Die Vorbildfunktion: Einfluss des Führungsverhaltens auf die Gesundheit und das Gesundheitsverhalten der Mitarbeiter

Mitarbeiter nehmen ihre Führungskräfte als mehr oder weniger gutes Vorbild wahr und
nutzen ihr Verhalten als Referenzpunkt für das Eigene. [27] Demnach orientieren sich
Mitarbeiter an Einstellungen und Verhaltensweisen ihrer Führungskraft. [28] Vorgesetzte,
für die Gesundheit einen hohen Stellenwert hat, die achtsam mit ihrer eigenen Gesundheit umgehen und gesundheitsförderliche Verhaltensweisen kennen und

---

[23] Vgl. Struhs-Wehr (2017), S. 77 f.
[24] Vgl. Ebd., S. 78 f.
[25] Vgl. Ebd., S. 79 f.
[26] Vgl. Lehr (2007)
[27] Vgl. Fiss-Quelle/Quelle (2009)
[28] Vgl. Haslam et al. (2011)

anwenden, werden infolgedessen auch die Gesundheit ihrer Mitarbeiter positiv beein-flussen. Noch größer wird dieser Effekt, wenn die Führungskräfte achtsam mit den Mitarbeitern umgehen, ihnen deren Gesundheit wichtig ist und sie sich gesundheits-förderlich den Mitarbeitern gegenüber verhalten. [29]

Kümmert sich eine Führungskraft um eine gesundheitsorientierte Selbstführung und bemüht sie sich darum, mit den Mitarbeitern das Thema Gesundheit zu reflektieren, so wird diese Führungskraft als gutes Vorbild wahrgenommen. Somit hat das Füh-rungsverhalten aber auch das gesundheitsbezogene Selbstkonzept einer Führungs-kraft einen bedeutsamen Einfluss auf die Gesundheit und das Gesundheitsverhalten der Mitarbeiter. [30] Zudem geben Mitarbeiter selbst die Führungskraft als wichtiger In-dikator an, wenn es um die Bewertung der Arbeit geht. So zeigt eine repräsentative Umfrage der Initiative Neue Qualität der Arbeit (2006), dass für Erwerbstätige „ausge-prägte positive Führungsqualitäten des Vorgesetzten" das wichtigste Kriterium bei der Frage nach „Was bedeutet gute Arbeit für Sie?" war. [31] Wichtig zu erwähnen ist, dass diese Vorbildfunktion auch negative Auswirkungen haben kann, wenn das Führungs-verhalten dementsprechend gesundheitsschädigend wirkt. Dies zeigt eine groß ange-legte Studie mit dem Titel „Führungskräfte nehmen ihre Fehlzeiten mit". Sie lieferte die Erkenntnis, dass Führungskräfte, deren Mitarbeiter hohe Krankenstandszeiten aufwie-sen, beim Wechseln in einen anderen Bereich dafür sorgten, dass die neuen Mitarbei-ter bald darauf hohe Krankenstandszeiten entwickelten. [32]

---

[29] Vgl. Frank/Felfe (2011)
[30] Vgl. Struhs-Wehr (2017), S. 84 f.
[31] Vgl. Ebd., S. 62
[32] Vgl. Brandenburg et al. (2000)

Die Gestaltung von Arbeitsaufgaben und ihre Wirkung auf die Motivation und Gesundheit der Mitarbeiter

Unter dem Begriff Arbeit wird das Tätigsein des Menschen verstanden. Der Mensch tritt dabei mit anderen Menschen als auch Hilfsmitteln in Interaktion. [33] Das Ziel des Menschen ist es, mit Hilfe der Arbeit die eigene Existenz oder die der Gesellschaft zu sichern und/oder eine Veränderung auf der Ebene der Umwelt oder des Arbeitenden selbst zu erreichen. Arbeit wird planvoll und zielgerichtet gesteuert und muss sich an vorherrschende (gesellschaftliche) Rahmenbedingungen halten. [34] Die Arbeit grenzt sich somit von anderen Tätigkeiten wie bspw. Spiel, Sport oder Lernen ab, da sie andere Zwecke verfolgt. [35] Arbeit wird meist von der Führungskraft gestaltet und beinhaltet die Ebene des Arbeitsumfeldes (bspw. Lärm, soziales Arbeitsumfeld und Licht), die Ebene der Arbeitsorganisation (z.B. Rollenklarheit, Zielklarheit, Teamzusammensetzung) und die der Arbeitsaufgabe, mit welcher sich dieser Teil der Einsendeaufgabe näher außeinandersetzt. [36] Die Arbeitsaufgabe umschreibt nach DIN EN ISO 6385 (2004) einen vom Unternehmen festgelegten Bestandteil der Gesamtarbeit einer Person und def. eine erforderliche Aktivität (oder eine Anzahl von Aktivitäten) einer arbeitenden Person, die der Erfüllung eines festgelegten Ergebnisses dient. [37] Die Gestaltung dieser Arbeitsaufgaben zählt zu den Aufgaben der vorgesetzten Führungskraft und trägt einen wesentlichen Teil zur Gesundheit und Motivation der Mitarbeiter bei. So nehmen Führungskräfte nicht nur durch ihr eigenes Verhalten Einfluss auf die Gesundheit und Motivation ihrer Mitarbeitenden, sondern auch durch die Gestaltung von Arbeitsaufgaben und den damit verbundenen Entscheidungen. [38] In Abb. 2 werden div. gesundheits- und motivationsrelevante Merkmale für die Aufgabengestaltung dargestellt. Im Zuge der nächsten Ausführungen dieser Einsendeaufgabe werden vier dieser Merkmale (Ganzheitlichkeit, Anforderungsvielfalt, Möglichkeiten sozialer Interaktion und Sinnhaftigkeit) detailliert erläutert.

---

[33] Vgl. Stirn (1980)
[34] Vgl. Hacker (1986)
[35] Vgl. Luczak (1998)
[36] Vgl. Struhs-Wehr (2017), S. 104
[37] Vgl. www.beuth.de Zugriff am 13.01.2019
[38] Vgl. Struhs-Wehr (2017), S. 104

Gestaltungsmerkmal der Aufgabe	Angenommene Wirkung	Realisierung durch
Ganzheitlichkeit	– Mitarbeiter erkennen Bedeutung der Tätigkeit – Mitarbeiter erhalten Rückmeldung	Aufgaben mit planenden Elementen
Anforderungsvielfalt	– Einsatz unterschiedlicher Kenntnisse – Vermeiden einseitiger Beanspruchung	Aufgaben mit unterschiedlichen Anforderungen
Möglichkeiten sozialer Interaktion	– Gemeinsame Schwierigkeitsbewältigung – Gegenseitige Unterstützung	Aufgaben mit Kooperation
Autonomie	– Stärkt Selbstwertgefühl – Erfahrung, nicht bedeutungslos zu sein	Aufgaben mit Entscheidungs-möglichkeiten
Lern- und Entwicklungs-möglichkeit	– Geistige Flexibilität – Berufliche Qualifikation	Problemhaltige Aufgaben
Zeitelastizität und stress-freie Regulierbarkeit	– Gegen Arbeitsverdichtung – Freiräume	Schaffen von Zeitpuffern
Sinnhaftigkeit	– Gefühl, gesellschaftlich nützliche Produkte herzustellen – Übereinstimmung individueller und gesellschaftlicher Interessen	Produkte mit ökologischer Unbedenklichkeit

Abbildung 2: Merkmale gesundheitsorientierter Aufgabengestaltung [39]

Ganzheitlichkeit

Beim Merkmal Ganzheitlichkeit geht es darum, dass die Mitarbeitenden die Bedeutung ihrer Tätigkeit erkennen und ihnen der Stellenwert ihrer Aufgabe klar sein soll. Das Konzept der „vollständigen Handlung"[40], „vollständigen Tätigkeit"[41] oder auch „voll-ständigen Aufgabe"[42] spielt eine wichtige Rolle in der Arbeitsgestaltung. [43] Eine voll-ständige Aufgabe weist dabei folgende Inhalte auf: [44]

- Selbstständiges Setzen von Zielen, die in übergeordnete Ziele eingebettet werden können

- Selbstständige Handlungsvorbereitung und Handlungsplanungen

[39] Ulich (2005), S. 144
[40] Vgl. Volpert (1987)
[41] Vgl. Hacker (1986)
[42] Vgl. Tomaszewski (1981)
[43] Vgl. Ulich/Wülser (2018), S. 270
[44] Vgl. Ulich (2011), S. 218

- Eigenständige Auswahl von Mitteln und von Interaktionen für eine adäquate Ziel-erreichung
- Kontinuierliches Feedback für mögliche Handlungskorrekturen
- Kontrolle, Ergebnisfeedback und anschließende Möglichkeit die Ergebnisse eige-ner Handlungen auf Übereinstimmung mit den gesetzten Zielen zu überprüfen

Die Vollständigkeit bei Aufgaben trägt zur Motivation aber auch zur Gesundheit der arbeitenden Personen bei. So konnte in einer Studie nach Rudolph (1986) gezeigt werden, dass gesundheitliche Beschwerden und Krankenstände sowie die Dauer der Krankenstände in Abhängigkeit zur Vollständigkeit der Arbeitstätigkeiten sanken, wenn die Vollständigkeit zunahm (siehe Abb. 3). Untersucht wurden dabei 278 Ange-stellte in 64 Tätigkeiten. Die Zunahme der Ganzheitlichkeit wurde durch Vorbereitungs-, Organisations- und Kontrollfunktionen umgesetzt. [45]

---

[45] Vgl. Rudolph (1986) nach Ulich (2018), S. 272

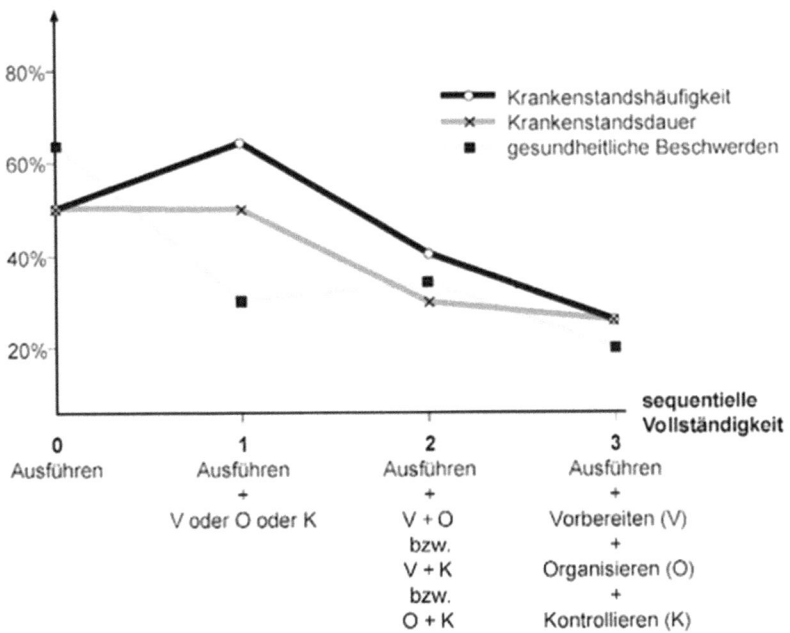

Abbildung 3: Gesundheitliche Beschwerden und Krankenstand in Abhängigkeit von der Ganzheitlichkeit der Arbeitstätigkeiten [46]

Mit dem Zugewinn an Handlungs-, Tätigkeits- und Entscheidungsspielräumen wächst ebenfalls die Motivation der Ausführenden, da dies zu Herausforderungen führt und bei den Mitarbeitern in weiterer Folge für Leistungsmotivierung, Wohlbefinden und psychische Gesundheit sorgt. [47] Zudem konnte festgestellt werden, dass bei Beschäftigten, die mit computergestützten Angestelltentätigkeiten mit Routinecharakter betraut sind, eine Zunahme von Magen-Darm-Beschwerden und des Erlebens einer affektiven Aversion gegen die eigene Tätigkeit (sog. psychische Sättigung) zu verzeichnen ist. Diese Umstände sind zurückzuführen auf die zunehmenden Einschränkungen an Vollständigkeit aufgrund von der Abnahme selbstständig durchzuführender Vorbereitungs- und Prüfschritten und der wachsenden Einengung durch fremdorganisierte Ausführungen. [48] Des Weiteren führt mangelhafte Ganzheitlichkeit zu erhöhtem (angstbetonten)

---

[46] Vgl. Rudolph (1986)
[47] Vgl. Hacker (2005), S. 252
[48] Vgl. Hacker (1991), S. 54

Stresserleben, da weniger vollständig gestaltete Aufgaben das Erleben von Zeitdruck, Kontrollverlust und Monotonie zeigen. Dadurch sind in einem weiteren Schritt eine Zunahme von Medikamentenverbrauch sowie vermehrte Arbeitsunfähigkeit zu befürchten. [49] Ganzheitliche Tätigkeiten bieten die Grundlage für Kooperations- und Kommunikationsmöglichkeiten, die sich förderlich für das soziale Erleben einer Person auswirken. Ein Fehlen dieser Thematik könnte das Risiko depressiver Tendenzen erhöhen. [50] Zusammenfassend bilden unvollständige Arbeitsaufgaben Lernbarrieren und gehen mit Gesundheitsstörungen, einem verringerten Wohlbefinden sowie erhöhtem Auftreten von Krankenständen einher, wohingegen ganzheitliche Aufgaben Gesundheit, Wohlbefinden sowie Motivation begünstigen.

Anforderungsvielfalt

Das Merkmal der Anforderungsvielfalt beschreibt die Einsetzung von unterschiedlichen Fähigkeiten, Kenntnissen und Fertigkeiten während der Erledigung der zugeschriebenen Arbeitsaufgaben, bei denen eine einseitige Beanspruchung vermieden wird. [51] Diese Vielfalt kann sich durch planende, ausführende, kontrollierende Elemente bzw. durch Benutzung unterschiedlicher Körperfunktionen oder Sinnesorganen zeigen. [52] Dabei ist die Anforderung von der Belastung zu unterscheiden. Je höher die gestellten Anforderungen und je breiter die Vielfalt dieser im Sinne von eigenständigem Denken, Planen und Entscheiden, desto größer ist das Vertrauen in die eigene Selbstwirksamkeit eines Mitarbeitenden und desto aktiver wird sogar die Freizeitgestaltung sein. Im Gegensatz zur Belastung, bei der gezeigt werden konnte, dass durch die Erhöhung dieser, vermehrt psychosomatische Beschwerden, Gefühle von Gereiztheit sowie Depressivität, Augenbeschwerden, allergische Beschwerden und manifeste Krankheiten auftreten und die Lebenszufriedenheit sinkt. [53] Auch die Vielfalt an Anforderungen einer Stelle zeigt eine gesundheitsförderliche Ressource. So konnte gezeigt werden, dass Beschäftigte mit einer Vielzahl an Tätigkeitsspielräumen eine bessere nächtliche Regeneration auf Basis des systolischen Blutdrucks und einer stärkeren Rückstellung der Herzfrequenz aufwiesen. [54] Beim Merkmal Anforderungsvielfalt

---

[49] Vgl. Ebd., S. 55
[50] Vgl. Richter (1985) nach Ulich (2018), S. 273
[51] Vgl. Ulich (2005), S. 144
[52] Vgl. Ulich (1989)
[53] Vgl. Lüders/Pleiss (1999), S. 218
[54] Vgl. Rau (2004), S. 181

spielt die Unter- sowie Überforderung eine wichtige Rolle. Wichtig ist es hierbei das richtige Maß individuell für den Beschäftigten zu finden. Zu wenige Aufgaben können zu einer quantitativen Unterforderung und Aufgaben, die den Mitarbeiter nicht auslasten oder seinen Fähigkeiten und Fertigkeiten nicht gerecht werden, zu einer qualitativen Unterforderung führen. So wäre die Auswirkung bei einer zu hohen Arbeitsdichte eine quantitative Überforderung und bei zu komplexen Aufgaben, bei denen die Fähigkeiten und Fertigkeiten nicht ausreichen, eine qualitative Überforderung. Sowohl Unter- als auch Überforderung verursachen gesundheitsbeeinträchtigende Fehlbeanspruchungen (sog. dysfunktionale Beanspruchung). [55] Das richtige Maß an Anforderungsvielfalt hat eine erlebte Bedeutsamkeit der eigenen Arbeitstätigkeit, was sich positiv auf die intrinsische Motivation auswirkt, eine hohe Qualität der Arbeitsleistung, hohe Arbeitszufriedenheit, Wohlbefinden und dementsprechend niedrige Krankenstände zur Folge. [56]

Möglichkeiten sozialer Interaktion

Das Merkmal der Möglichkeiten sozialer Interaktionen befasst sich mit Gruppenarbeiten, auf deren Basis es möglich wird, gemeinsam Schwierigkeiten zu bewältigen und sich zu unterstützen. [57] Dabei ist darauf zu achten, dass es in den Teams nicht zu Aufgabenüberschneidungen kommt und somit die Vollständigkeit einer Aufgabe (siehe 1. Ganzheitlichkeit) für eine Person nicht vermindert wird. So entstehen in der Praxis teilautonome Arbeitsgruppen, bei denen Teilaufgaben gezielt an Beschäftigte vergeben werden aber das Gesamtprojekt selbst trotzdem im Team aufgearbeitet wird. Mit dieser Umsetzung profitieren Mitarbeitende sowohl von den gesundheitsförderlichen Faktoren, die eine vollständige Aufgabe mit sich bringt, als auch von der Unterstützung durch die soziale Interaktion mit Teammitgliedern. [58] Bei den Wirkungen dieses Aufgabenmerkmals auf die Motivation und Gesundheit der Mitarbeiter lassen sich zwar eine Reihe an Untersuchungen finden, jedoch bedarf es hierbei zweifellos noch an Ergänzungen. Dabei wurden bspw. Zusammenhänge zw. der Aufgabenverteilung in teilautonomen Arbeitsgruppen und vermindertem emotionalem Stress, erhöhter

---

[55] Vgl. Struhs-Wehr (2017), S. 104
[56] Vgl. Hackman/Oldham (1976), S.250-279
[57] Vgl. Ulich (2005), S. 144
[58] Vgl. Ulich/Wülser (2018), S. 279 f.

Motivation, Arbeitszufriedenheit und Leistung gefunden. [59] Durch diese Art der flexiblen Gruppenarbeitsstruktur zeigten sich bspw. bei Schichtarbeitern verminderte physiologische Belastungsreaktionen und weniger hohe Selbsteinstufungen der eigenen erlebten Ermüdung. [60]

Sinnhaftigkeit

Das Merkmal der Sinnhaftigkeit beschreibt die Aufgabe als gesellschaftlich und/oder individuell nützlich und vermittelt somit ein Gefühl von Wichtigkeit und hoher Relevanz für die Erreichung eines Ergebnisses oder anderer Aspekte. [61] Zudem sagt dieses Merkmal aus, dass die Interessen, die die Erledigung einer Aufgabe beinhaltet, mit den eigenen, persönlichen Interessen übereinstimmen.[62] Für die praktische Umsetzung spielt die ökologische und soziale Unbedenklichkeit der Aufgabe eine tragende Rolle. Diese sollte überprüft und sichergestellt werden. [63] Die erlebte Bedeutsamkeit sowie Sinnhaftigkeit der eigenen Arbeitstätigkeit hat eine hohe Qualität der Arbeitsleistung und Arbeitszufriedenheit, psychisches Wohlbefinden und daran anschließend niedrige Krankenstände und Fluktuation zur Folge. [64] Das Merkmal der Sinnhaftigkeit kann einen wertvollen Beitrag zur intrinsischen Motivation eines Beschäftigten leisten. In der Praxis kann dies gelingen, wenn aus den individuellen Vorstellungen von „Sinnhaftigkeit" des Beschäftigten, seinen Fähigkeiten sowie Bedürfnissen und den Zielen des Unternehmens Aufgaben festgelegt werden. [65] Zudem zeigt sich ein Zusammenhang mit der Sinnhaftigkeit einer Tätigkeit und unterschiedlichen gesundheitlichen und psychischen Beschwerden arbeitender Personen, welcher in der nachstehenden Statistik aus dem Jahr 2018 (Abb. 4) veranschaulicht wurde. In dieser in Deutschland getätigten Umfrage nahmen 2030 Beschäftigte im Alter zw. 16 und 65 Jahren teil.

---

[59] Vgl. Wall/Clegg (1981), S. 44
[60] Vgl. Lundberg (1996), S. 69
[61] Vgl. Ulich/Wülser (2018), S. 267
[62] Vgl. Ulich (2005), S. 144
[63] Vgl. Ulich/Wülser (2018), S. 267
[64] Vgl. Hackman/Oldham (1976)
[65] Vgl. Struhs-Wehr (2017), S. 99, Ulich (2011)

Sinnlose Arbeit macht krank

Arbeitsbedingte Beschwerden der Befragten nach Sinnhaftigkeit ihrer Tätigkeit (in %)*

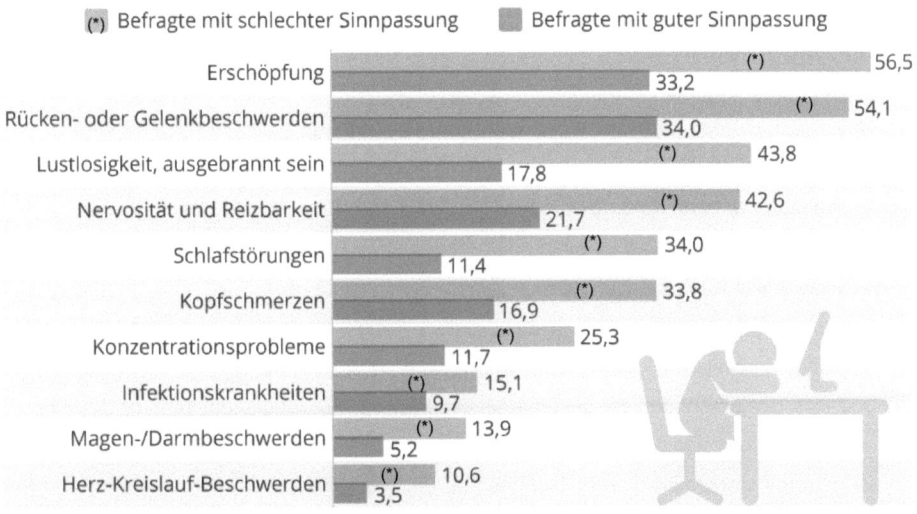

(*) Befragte mit schlechter Sinnpassung   ■ Befragte mit guter Sinnpassung

Beschwerde	schlechte Sinnpassung (*)	gute Sinnpassung
Erschöpfung	56,5	33,2
Rücken- oder Gelenkbeschwerden	54,1	34,0
Lustlosigkeit, ausgebrannt sein	43,8	17,8
Nervosität und Reizbarkeit	42,6	21,7
Schlafstörungen	34,0	11,4
Kopfschmerzen	33,8	16,9
Konzentrationsprobleme	25,3	11,7
Infektionskrankheiten	15,1	9,7
Magen-/Darmbeschwerden	13,9	5,2
Herz-Kreislauf-Beschwerden	10,6	3,5

* Angaben "ab und zu", "häufig" und "sehr häufig"
Basis: 2.030 Befragte (16–65 Jahre) in Deutschland; 2018
Quelle: Wissenschaftliches Institut der AOK

@Statista_com

statista ◪

Abbildung 4: Zusammenhang zwischen arbeitsbedingten Beschwerden und Sinnhaftigkeit der Tätigkeit [66]

Zusammenfassend wurde gezeigt, dass die in diesem Teil der Einsendeaufgabe erörterten Aufgabenmerkmale in engem Zusammenhang mit der Motivation und der Gesundheit von Beschäftigten stehen. Ganzheitliche, sinnhafte Tätigkeiten, bei denen soziale Interaktionen möglich sind und die eine Vielfalt an unterschiedlichen Anforderungen bieten, gehen mit einem vermehrtem Erleben von Bedeutsamkeit und Selbstwirksamkeit einher und haben eine hohe Arbeitszufriedenheit, Qualität der Arbeitsleistung, intrinsische Arbeitsmotivation und niedrige Abwesenheiten und Fluktuation zur Folge. [67]

---

[66] Nier (2018), nach Wissenschaftliches Institut der AOK
[67] Vgl. Wall/Clegg (1981), S. 44

Studienlage: Zusammenhang zwischen Gesundheit und Führung

Prädiktoren gesundheitsförderlichen Führungshandelns von Barbara Pangert (Doktorarbeit, 2011)

Untersucht wurden die vier Prädiktoren (= zur Vorhersage eines Merkmals herangezogene Variablen)[68]

- wahrgenommene Kultur gesundheitsförderlichen Führungsverhaltens,
- Einstellung gegenüber gesundheitsförderlichem Führungsverhalten,
- individuelle Kompetenzen gesundheitsförderlich zu führen,
- der von der Führungskraft wahrgenommene Tätigkeitsspielraum, den ihr im Unternehmen obliegt

und ihr Zusammenhang zu gesundheitsförderlichem Führungsverhalten, zu dem in dieser Untersuchung die drei Komponenten

- mitarbeiterorientiert-unterstützendes Führungsverhalten,
- gesundheitsförderliche Gestaltung der Arbeitsbedingungen und
- Engagement für die betriebliche Gesundheitsförderung gezählt werden. [69]

Im ersten Schritt wurde auf der Basis von Studien, die einen Zusammenhang zw. Führungsverhalten und Gesundheit Beschäftigter aufzeigten, eine Bestimmung gesundheitsförderlichen Führungsverhaltens vorgenommen. Das Ergebnis waren die drei Komponenten (s.o.). Der zweite Schritt beinhaltete die Festlegung von Prädiktoren gesundheitsförderlichem Führungsverhaltens mit Hilfe der Theorie des geplanten Verhaltens nach Ajzen (1991). Dabei wurden verschiedene Komponenten dieser Theorie an das betriebliche Setting angepasst, nachdem sie in Beziehung zu organisations- und arbeitspsychologischen Konzepten gesetzt wurden, sodass vier Prädiktoren gesundheitsförderlichen Führungsverhaltens (s.o.) daraus resultierten. [70] Für die Überprüfung nahmen 222 Führungskräfte der unteren und mittleren Führungsebene aus insgesamt drei Unternehmen an einer Querschnittsuntersuchung (= innerhalb einer Stichprobe wird eine einmalige Messung der zuvor def. Parameter durchgeführt) [71] teil.

---

[68] Vgl. https://www.duden.de/rechtschreibung/Praediktor Zugriff am 15.01.2020
[69] Vgl. Pangert (2011)
[70] Vgl. Ebd., S. 2
[71] Vgl. https://flexikon.doccheck.com/de/Querschnittsstudie Zugriff am 15.01.2020

Als Methodik wurden selbstkonstruierte Fragebogenskalen, die auf unterschiedliche Gütekriterien überprüft sowie optimiert wurden und deren Skalengüte schließlich mit zufriedenstellend bis sehr gut zu bewerten war, verwendet. [72]

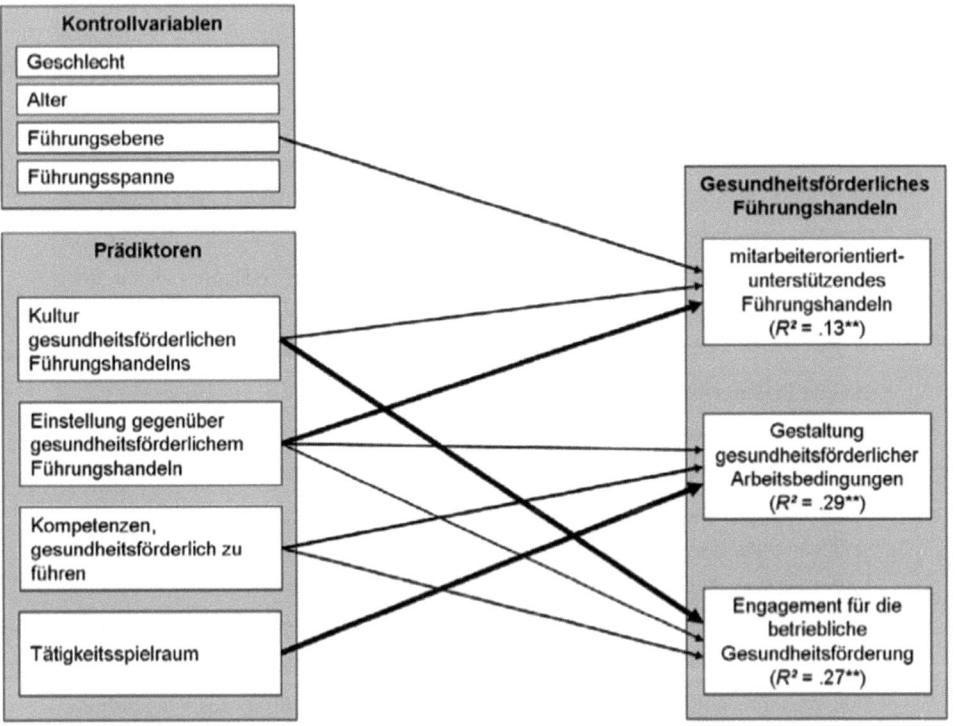

Abbildung 5: Zusammenfassende Darstellung der Ergebnisse[73]

Zusammenfassende Ergebnisse

Wie in Abb. 5 dargestellt, wird ein Einfluss der Prädiktoren auf mitarbeiterorientiert-unterstützendes Führungsverhalten von 9 Prozent sichtbar, wobei der größte Einfluss von der Einstellung der Führungskraft gegenüber gesundheitsförderlichem Führungs-verhalten ausgeht. Zudem zeigt sich ein Einfluss der Kontrollvariablen, maßgebend das Geschlecht und die Führungsebene, von 9 Prozent, wobei weibliche Führungs-kräfte eher mitarbeiterorientiert sind als männliche und Führungskräfte der mittleren

---

[72] Vgl. Pangert (2011)
[73] Pangert (2011)

eher als jene der unteren Ebene. Bei der Gestaltung gesundheitsförderlicher Arbeitsbedingungen konnte der höchste Einfluss auf der Ebene des Tätigkeitsspielraums, ge-
folgt von den individuellen Kompetenzen der Führungskraft, gesundheitsförderlich zu
führen und schließlich der Einstellung der Führungskraft gegenüber gesundheitsförderlichem Führungshandelns belegt werden. Zusammenfassend ergibt sich ein Einfluss von 29 Prozent aller Prädiktoren auf die Komponente Gestaltung von gesundheitsförderlichen Arbeitsbedingungen. Die Kontrollvariablen leisten dabei keinen sig-
nifikanten Beitrag. Für die Komponente Engagement für die betriebliche Gesundheitsförderung zeigt sich keine der Kontrollvariablen relevant. Die Prädiktoren hingegen
zeigen einen gemeinsamen Einfluss von 27 Prozent. Den höchsten Beitrag leistet die
Kultur gesundheitsförderlichen Führungsverhaltens. Abschließend kann durch diese
Untersuchung festgestellt werden, dass alle angenommenen Prädiktoren für die Vorhersage gesundheitsförderlichen Führungsverhaltens relevant sind. [74]

Kritische Erläuterung und Fazit

Die Untersuchung konnte feststellen, dass ein Zusammenhang zw. den angenommenen Prädiktoren und den festgelegten Komponenten gesundheitsförderlichen Führungsverhaltens besteht. Dieser Zusammenhang lässt jedoch unterschiedliche Inter-
pretationsmöglichkeiten zu. So können zwar Korrelations- nicht aber Kausalaussagen
getroffen werden. Dadurch ergeben sich lediglich Hinweise und Fragen nach dem Ur-
sache-Wirk-Prinzip bleiben unbeantwortet. [75] Ausgeweitete Fragestellungen könnten
Mittelpunkt weiterführender Studien in diesem Gebiet werden, um dem nachzugehen.
[76] Des Weiteren entspringen die Ergebnisse dieser Untersuchung aus Fragebögen,
die von Führungskräften selbst ausgefüllt wurden. Es könnte angenommen werden,
dass diese die darin enthaltenen Fragen so beantworteten, dass das Ergebnis sozial
erwünscht ist, anstatt ihrer tatsächlichen Überzeugung entspringt. Die Selbsteinschät-
zungsfragebögen könnten zu einer Verzerrung der Ergebnisse führen. [77] Hierbei könnten unterschiedliche Erhebungsmethoden und der Einsatz von verschiedener Daten-
quellen genutzt werden. [78] Anzuführen ist ebenfalls, dass es sich bei der verwendeten
Stichprobe lediglich um Führungskräfte der mittleren und unteren Führungsebene

---

[74] Vgl. Pangert (2011), S. 107
[75] Vgl. Ebd., S. 110
[76] Vgl. Ebd., S. 126
[77] Vgl. Ebd., S. 110
[78] Vgl. Pangert (2011), S. 126

handelt. Inwiefern sich die Erkenntnisse dieser Studie auf das Top-Management über-
tragen lassen, bleibt unklar. [79]

Zusätzlich ist kritisch anzumerken, dass keine Persönlichkeitsmerkmale der Führungskräfte zugezogen wurden, obwohl diese in der Literatur als möglicherweise bedeutsam
für dieses Themenfeld erwähnt wurden. [80]

Diese Untersuchung liefert eine solide Grundlage für Interventionen in der Praxis und
leistet mit ihren Ergebnissen einen wertvollen Beitrag für weiterführende Forschungen
in diesem Gebiet.

Zusammenhänge zwischen Führung, Sinn und Gesundheit aus dem Fehlzeiten-Report 2018

Im Rahmen der Verschriftlichung des Fehlzeiten-Reports vom Jahr 2018 wurden mehrere Studien und Befragungen herangezogen, die sich mit den Schwerpunkten des
Führungsverhalten/-stils der Führungskraft, dem Sinnerleben und der Gesundheit be-
schäftigen. Mittels standardisierter Fragebögen schätzten über 10.000 Beschäftigte,
aus unterschiedlichen Organisationen (z.T. öffentlicher Dienst, z.T. Privatwirtschaft),
das Verhalten ihrer Führungskräfte, ihr Commitment (= Bindung an und Identifikation
mit einer Organisation verstanden)[81] sowie Sinnerleben und ihre eigene Gesundheit
ein. [82] Ziel war es, Zusammenhänge zw. sinnstiftender Führung und dem Erleben von
Wertekongruenz sowie dem Gesundheitserleben zu finden und darzustellen. [83]

Zusammenfassende Ergebnisse

Abb. 6 stellt die daraus resultierenden Ergebnisse dar und gliedert sie in die drei Un-
tergruppen „Führung und Sinn", „Führung und Gesundheit" und „Sinn und Gesundheit".
Die nachstehend angeführten Ergebnisse waren signifikant. [84] Obgleich für diese Ein-
sendearbeit lediglich der Zusammenhang zw. Gesundheit und Führung erfragt wurde,
stellt das Merkmal Sinn laut Erkenntnissen dieser Untersuchung einen Faktor von hoher Bedeutung für die Merkmale Führung als auch Gesundheit dar und wird deshalb
gleichermaßen erörtert.

---

[79] Vgl. Ebd., S. 125
[80] Vgl. Judge et al. (2004)
[81] Vgl. Felfe (2008)
[82] Vgl. Badura et al. (2018), S. 218
[83] Vgl. Ebd., S. 220
[84] Vgl. Badura et al. (2018), S. 220

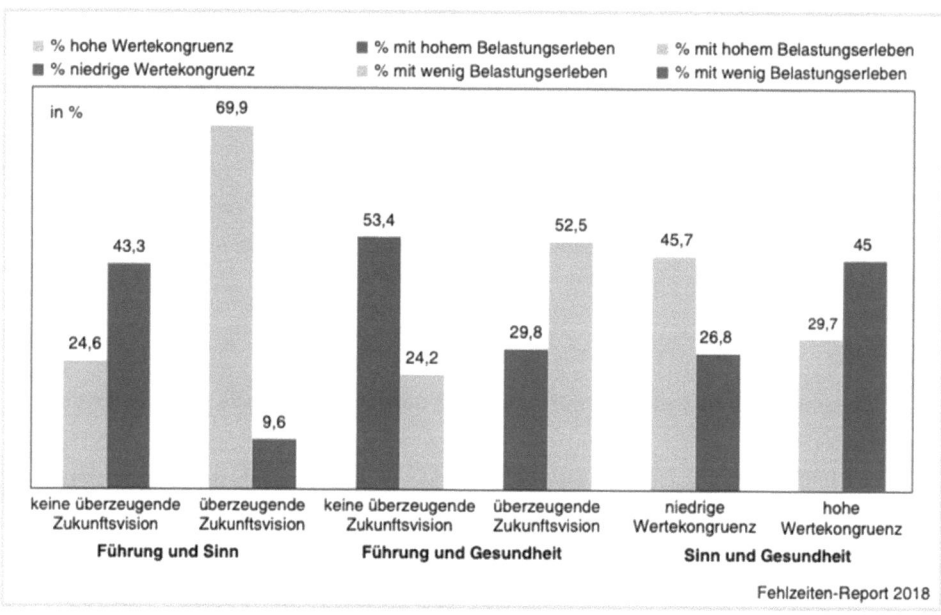

Abbildung 6: Darstellung der Ergebnisse: Zusammenhänge zwischen Führung, Sinn und Gesundheit [85]

Führung und Gesundheit: Es zeigt sich ein signifikanter Zusammenhang, bei dem vor allem der Faktor Zeit bei der Vermittlung von Zukunftsvisionen sowie der Stärkung von Fähigkeiten und Fertigkeiten der Beschäftigten eine wichtige Rolle zugeschrieben werden kann. Je eher dieses Führungsverhalten gezeigt wird, desto weniger fühlen sich die Beschäftigten müde und angespannt und umso weniger müssen sie Ärger „hinunterschlucken". Wird keine überzeugende Zukunftsvision vermittelt, steigt das Belastungserleben. Zudem konnte gezeigt werden, dass die sinnstiftenden Verhaltensweisen des transformationalen Führungsstils zu niederem Belastungserleben und erhöhtem Wohlbefinden sowie besserer Gesundheit beitragen. [86]

---

[85] Badura et al. (2018), S. 220
[86] Vgl. Badura et al. (2018), S. 220

Führung und Sinn: Die Ergebnisse zeigen einen deutlichen Zusammenhang zw. den beiden Merkmalen. Das Sinnerleben fällt umso höher aus, je mehr überzeugende Zukunftsvisionen von der Führungskraft vermittelt werden. Im Detail liefert die Untersuchung folgende Erkenntnisse: eine überzeugende Zukunftsvision zu vermitteln, den Mitarbeitenden zu helfen, ihre Stärken auszubauen, Leistungserwartungen gut zu begründen und moralische sowie ethische Konsequenzen aller Entscheidungen gut zu berücksichtigen, sind ausschlaggebende Aspekte, die das Sinnerleben hoch signifikant beeinflussen. So geht eine überzeugende Zukunftsvision mit einer hohen Wertekongruenz einher. Deutlich weniger kongruent zeigen sich Beschäftigte, bei denen die Führungskraft keine überzeugenden Zukunftsvisionen vermittelt. Zudem hat sinnstiftende Führung einen positiven Einfluss auf das Commitment der Beschäftigten.

Sinn und Gesundheit: Die Ergebnisse lieferten die Erkenntnis, dass bei hohem Sinnerleben, von weniger physischen und psychischen Beschwerden berichtet wird und bei niedriger Wertekongruenz von höheren. Eine Steigerung der als sinnvoll und schlüssig erachteten Arbeitsleistung und der dementsprechend gesteigerten Bindung an das Unternehmen gehen mit einer Steigerung der Zufriedenheit, dem Selbstwert und dem psychischen Wohlbefinden der Beschäftigten einher. Das Fehlen eines Sinnerlebens hingegen, führt zu Unzufriedenheit sowie zu einem schlechteren Wohlbefinden bis hin zu psychischen Beschwerden. [87]

Kritische Erläuterung und Fazit

Die Verfasserin dieser schriftlichen Arbeit möchte erneut anmerken, dass es sich hierbei um die zusammenfassende Darstellung der Ergebnisse mehrerer Studien handelt, deren Methodik auf der Beantwortung von Fragebögen Beschäftigter beruht. Folglich kann bei den dargestellten Korrelationen nicht ausgeschlossen werden, dass die Ergebnisse durch Drittvariablen, die im Rahmen der Studien nicht berücksichtigt wurden (bspw. positiver Affekt der Teilnehmenden, genereller Gesundheitsstatus) oder durch andere Fehlerquellen (bspw. niedere Reliabilität, diese wurde in der vorhandenen Literatur nicht angegeben) verzerrt wurden. [88] Zudem wurden unterschiedliche Branchen befragt, was zur Folge haben könnte, dass möglichen Ausreißern in einer zusammenfassenden Darstellung keine Relevanz zugesprochen wird.

---

[87] Vgl. Ebd., S. 220-221
[88] Vgl. Badura et al. (2018), S. 220

Zusammenfassend zeigte diese Untersuchung, deren Ergebnisse Anhand von mehreren Studien erarbeitet wurden, dass ein signifikanter Zusammenhang zw. Sinnerleben und Gesundheit der Beschäftigten besteht und dass die Führungskraft ebenfalls einen bedeutsamen Beitrag zum Sinn- und zum Belastungserleben der Mitarbeitenden leistet. Für die Praxis stellen diese Ergebnisse wichtige Beiträge dar, wenn es darum geht, die Mitarbeitergesundheit zu fördern und für die Theoriearbeit zeigen die Ergebnisse elementare Anhaltspunkte für zukünftige empirische Forschung auf.

Literaturverzeichnis

Badura, B. D. (2018). *Fehlzeiten-Report 2018, Sinn erleben - Arbeit und Gesundheit.* Berlin: Springer.

Brandenburg, P. N. (2000). *Führung und Gesundheit.* Weinheim: Juventa.

Duden. (15. 01 2020). Von https://www.duden.de/rechtschreibung/Praediktor abgerufen

Faltermaier, T. (2003). *Subjektive Theorien von Gesundheit und Krankheit. In M. Jerusalem & H. Weber. Psychologische Gesundheitsförderung, Diagnostik und Prävention.* Göttingen: Hogrefe.

Felfe, J. (2008). *Mitarbeiterbindung.* Göttingen: Hogrefe.

Fiss-Quelle, S. &. (2009). *Planen Führen Wachsen. Mit Methode zum Erfolg.* Norderstedt: Books on Demand.

Flexikon Doccheck. (15. 01 2020). Von https://flexikon.doccheck.com/de/Querschnittsstudie abgerufen

Frank, F. &. (2011). How does transformational leadership impact emplocees' psychological strain? Examining differentiated effects and the moderating role of affective organizational commitment. *Leadership, 7 (7)*, 295-316.

Hacker, W. (1986). *Arbeitspsychologie.* Berlin (DDR): VEB Deutscher Verlag der Wissenschaften.

Hacker, W. (1986). *Arbeitspsychologie. Schriften zur Arbeitspsychologie (Hrsg. E. Ulich), Band 41.* Bern: Huber.

Hacker, W. (1991). Aspekte einer gesundheitsstabilisierenden und -fördernden Arbeitsgestaltung. *Zeitschrift für Arbeits- und Organisationspsychologie, 35*, S. 48-58.

Hacker, W. (2005). *Allgemeine Arbeitspsychologie. Psychische Regulation von Wissens-, Denk- und körperlicher Arbeit.* Bern: Huber.

Hackham, J. &. (1976). Motivation through the design of work: test of a theory. *Organisational Behavior and Human Performance, 16*, 250-279.

Hannover, B. &. (2012). *Selbstkonzept. In K. H. Horn, H. Kemnitz, W. Marotzki & U. Sandfuchs. Klinkhardt Lexikon Erziehungswissenschaft.* Bad Heilbrunn: Klinkhardt.

Haslam, S. A. (2011). *The new psychology of leadership.* New York: Psychology Press.

Judge, T. P. (2004). The Forgotten one? The Validity of Consideration and Initiating Structure in Leadership Research. *Journal of Applied Psychology, 89 (1)*, 36-51.

Kossbiel, H. (1990). Thesen zum Wandel der Entgeltbegründung: vom technisch deteminierten Anforderungsbezug zur Honorierung qualifikationsbestimmter Produktions- und Organisationsleistungen. In: Dabrowski, H. (Hrsg.): Rahmentarifpolitik im Strukturwandel. *Band 4: Jenseits des Taylorismus - Neue Begründungen und Ziele gewerkschaftlicher Rahmentarifpolitik*, S. 195-209.

Kuhl, J. (2001). *Motivation und Persönlichkeit. Interaktionen psychischer Systeme.* Göttingen: Hogrefe.

Lüders, E. &. (1999). *Werkzeuge gesundheitsgerechter Arbeitsgestaltung - von der Analyse zur Praxis. In R. Österreich & W. Volpert (Hrsg.) Psychologie gesundheitsgerechter Arbeitsbedingungen (S. 219-283) Schriften zur Arbeitspsychologie, Band 59.* Bern: Huber.

Lehr, U. (2007). *Psychologie des Alterns (11., korrigierte Aufl.).* Wiebelsheim: Quelle & Meyer.

Luczak, H. (1998). *Arbeit, Arbeitsbedingungen und Arbeitswissenschaft. In: Arbeitswissenschaft.* Berlin, Heidelberg: Springer.

Lundberg, U. (1996). *Work, stress and musculoskeletal disorders. In P. Ullsperger, M. Ertel & G. Freude (Hrsg.), Occupational health and safety aspects of stress at modern workplaces (S. 66-78). Schriftenreihe der Bundesanstalt für Arbeitsmedizin, Tagungsbericht 11.* Bremerhaven: Wirtschafsverlag.

Mikisek, I. (2017). *Führungstheorien Titel-Nr. 1093-02, 2. Aufl. .* Riedlingen: SRH Fernhochschule The Mobile University.

Mikisek, I. (2017). *Gesundheitsförderliche Führungsmethoden Titel-Nr. 1094-02, 2. Aufl.* Riedlingen: SRH Fernhochschule The Mobile University.

Neuberger, O. (2002). *Führen und führen lassen. Ansätze, Ergebnisse und Kritik der Führungsforschung, 6. Aufl.* Stuttgart: Lucius und Lucius (UTB für Wissenschaft, 2234).

Nler, H. (05. 09 2018). *statista.* Von https://de.statista.com/infografik/15327/sinnlose-arbeit-macht-krank/ abgerufen

Publishing DIN. (13. 01 2019). Von www.beuth.de abgerufen

Rau, R. (2004). Lern- und gesundheitsförderliche Arbeitsgestaltung: Eine empirische Studie. *Zeitschrift für Arbeits- und Organisationspsychologie, 48, 4*, S. 181-192.

Spektrum, Lexikon der Psychologie. (15. 01 2020). Von https://www.spektrum.de/lexikon/psychologie/korrelation-bivariate/8238 abgerufen

Staehle, W. H. (1999). *Management: eine verhaltenswissenschaftliche Perspektive, 8. Aufl. überarbeitet von Conrad, P. & Sydow, J.* München: Vahlen.

Stangl Lexikon. (15. 01 2020). Von https://lexikon.stangl.eu/1822/signifikanz/ abgerufen

Stirn, H. (1980). *Arbeitswissenschaft.* Opladen: Leske-Verlag.

Struhs-Wehr, K. (2017). *Betriebliches Gesundheitsmanagement und Führung.* Wiesbaden: Springer.

Tomaszewski, T. (1981). *Struktur, Funktion und Steuermechanismen menschlicher Tätigkeit. In T. Tomaszewski (Hrsg.), Zur Psychologie der Tätigkeit (S.11-33).* Berlin: Deutscher Verlag der Wissenschaften.

Ulich, E. &. (2018). *Gesundheitsmanagement in Unternehmen, 7. Aufl.* Zürich: Springer Gabler.

Ulich, E. (1989). *di.gi.de.* Von https://dl.gi.de/bitstream/handle/20.500.12116/6295/Ulich_1989.pdf?sequence =2 abgerufen

Ulich, E. (2005). *Arbeitspsychologie, 6. Aufl.* Zürich.

Ulich, E. (2011). *Arbeitspsychologie, 7. Aufl.* Zürich/Stuttgart: Schäffer Poeschel.

Volpert, W. (1987). *Psychische Regulation von Arbeitstätigkeiten. In U. Kleinbeck & J. Rutenfranz (Hrsg.), Arbeitspsychologie, Enzyklopädie der Psychologie, Themenbereich D, Serie 3, Band 1.* Göttingen: Hogrefe.

Wall, T. &. (1981). A longitudinal field study of group work redesign. *Journal of Occupational Behavior, 2,* 31-45.

Weibler, J. (2001). *Personalführung.* München: Franz-Vahlen-Verlags GmbH.

Wiesmann, U. N.-J. (2008). Dimensions and profiles of the generalized health-related self-concept. *British Journal of Health Psychology, 13 (4),* 755-771.

Wild, E. H. (2001). *Psychologie des Lerners. In A. Krapp & E. Weidenmann. Pädagogische Psychologie (207-270).* Weinheim: Belz.